BEI GRIN MACHT SICH IHR WISSEN BEZAHLT

- Wir veröffentlichen Ihre Hausarbeit, Bachelor- und Masterarbeit

- Ihr eigenes eBook und Buch - weltweit in allen wichtigen Shops

- Verdienen Sie an jedem Verkauf

Jetzt bei www.GRIN.com hochladen und kostenlos publizieren

Bibliografische Information der Deutschen Nationalbibliothek:

Die Deutsche Bibliothek verzeichnet diese Publikation in der Deutschen Nationalbibliografie; detaillierte bibliografische Daten sind im Internet über http://dnb.d-nb.de/ abrufbar.

Dieses Werk sowie alle darin enthaltenen einzelnen Beiträge und Abbildungen sind urheberrechtlich geschützt. Jede Verwertung, die nicht ausdrücklich vom Urheberrechtsschutz zugelassen ist, bedarf der vorherigen Zustimmung des Verlages. Das gilt insbesondere für Vervielfältigungen, Bearbeitungen, Übersetzungen, Mikroverfilmungen, Auswertungen durch Datenbanken und für die Einspeicherung und Verarbeitung in elektronische Systeme. Alle Rechte, auch die des auszugsweisen Nachdrucks, der fotomechanischen Wiedergabe (einschließlich Mikrokopie) sowie der Auswertung durch Datenbanken oder ähnliche Einrichtungen, vorbehalten.

Impressum:

Copyright © 2015 GRIN Verlag
Druck und Bindung: Books on Demand GmbH, Norderstedt Germany
ISBN: 9783668638105

Dieses Buch bei GRIN:

https://www.grin.com/document/412352

Helen Kohm

Denken. Piagets Theorien der Denkentwicklung und weitere Theorien domänenspezifischen begrifflichen Wissens

GRIN Verlag

GRIN - Your knowledge has value

Der GRIN Verlag publiziert seit 1998 wissenschaftliche Arbeiten von Studenten, Hochschullehrern und anderen Akademikern als eBook und gedrucktes Buch. Die Verlagswebsite www.grin.com ist die ideale Plattform zur Veröffentlichung von Hausarbeiten, Abschlussarbeiten, wissenschaftlichen Aufsätzen, Dissertationen und Fachbüchern.

Besuchen Sie uns im Internet:

http://www.grin.com/

http://www.facebook.com/grincom

http://www.twitter.com/grin_com

IB Hochschule
Angewandte Psychologie Modul Entwicklungspsychologie
Hausarbeit

Denken – Piagets Theorien der Denkentwicklung und weitere Theorien domänenspezifischen begrifflichen Wissens

Kohm, Helen
Abgabedatum: 7. August 2015
WS 2014/2015

Inhaltsverzeichnis

1. Einleitung..1
2. Piaget und seine Theorie der Denkentwicklung.....................................2
   2.1 Verschiedene Stadien der Denkentwicklung nach Piaget.................2
   2.2 Das sensomotorische Stadium..2
   2.3 Das präoperationale Stadium..3
   2.4 Das konkret-operationale Stadium...4
   2.5 Das formal-operationale Stadium...4
3. Kritik an Piaget..5
4. Die Habituationsmethode...5
5. Theorien der Entwicklung domänenspezifischen begrifflichen Wissens............5
   5.1 Die Kernwissensthese...6
   5.2 Beispiel zur Addition bei Säuglingen..7
6. Zusammenfassung..8
Literaturverzeichnis...9

1. Einleitung

Täglich begegnen wir Situationen – ob nun von großer Bedeutung oder nebensächlich -, die die Fähigkeit zu denken voraussetzen. Doch wie kann es sein, dass ein so elementarer Ablauf all unser Handeln, unsere Entscheidungen und letztlich unser Leben koordiniert, ohne, dass man das geringste davon mitbekommt?

Die Entstehung von Denkprozessen beziehungsweise des Denkens ist laut Forschern in der frühesten Kindheit zu suchen, da sich bereits im Säuglingsalter Denkprozesse abspielen und Zusehens neue Formen des Denkens erlernt werden.

In dieser Arbeit soll die kognitive Entwicklung bei Säuglingen und Kindern thematisiert und erläutert werden und anhand verschiedener Modelle und Ansätze verständlich gemacht werden.

2. Piaget und seine Theorie der Denkentwicklung

Jean Piaget (1896-1980), Schweizer Biologe und Erkenntnistheoretiker, war einer der ersten Wissenschaftler, der anhand von ausführlichen Studien in Form von Beobachtung seiner eigenen Kinder zu umfassenden Theorien zur Denkentwicklung bei Kindern und Jugendlichen gelangte. Im Folgenden werden Piagets Erkenntnis e genauer dargelegt und erläutert.

2.1 Verschiedene Stadien der Denkentwicklung nach Piaget

Piaget entdeckte anhand von Beobachtungen verschiedene Stadien der Denkentwicklung, die seiner Meinung nach jedes Kind in etwa der gleichen Form durchlebt, um zu einer voll funktionsfähigen Kognitionsfähigkeit zu gelangen. Zunächst ist zu erwähnen, dass Piaget die geistige Entwicklung eines Kindes als Konstruktivismus, also als *„einen Prozess der aktiven Konstruktion von Wissen in der Interaktion des Individuums mit der Umwelt"* (Schneider, Lindenberger, Entwicklungspsychologie, 2012, S. 386) und den heranwachsenden Menschen als Wissenschaftler verstand, der, von Neugier getrieben, die Welt erkunde und erkenne. Der Prozess des Konstruktivismus werde laut Piaget durch Assimilation und Akkomodation, also durch Integration von Neuem und Anpassung von bereits Vorhandenem, vorangetrieben.

2.2 Das sensomotorische Stadium

Das sensomotorische Stadium ist laut Piaget ab der Geburt bis etwa zu einem Alter von zwei Jahren angesiedelt und besagt, dass Erkenntnismöglichkeiten nur und ausschließlich an das momentane Geschehen in unmittelbarer Nähe des Säuglings gebunden sind. Laut Piagets Beobachtung sei also *„die Intelligenz des Säuglings handlungsgebunder, nicht symbolisch-repräsentational"* (Schneider, Lindenberger, Entwicklungspsychologie, 2012, S. 387). Das sensomotorische Stadium teilt sich in insgesamt sechs Stufen, welche sich am Alter des Säuglings orientieren und deren Komplexität mit steigendem Alter wächst.

Die Stufen eins und zwei, die im Alter von null bis vier Monaten angesiedelt sind, beinhalten beispielsweise die Modifikation von Reflexen und eine erste

Koordination von Schemata. Die weitere Entwicklung innerhalb der sechs Stufen erstreckt sich über insgesamt 24 Monate und beinhaltet unter Anderem die Entwicklung der Suche nach vollständig verdeckten Objekten (Stufe vier, im Alter von acht bis 12 Monaten), des Versuch-und-Irrtum-Problemlösens (Stufe 5, im Alter von 12 bis 18 Monaten) bis hin zur Entwicklung des schlussfolgernden Denkens (Stufe sechs, 18 bis 24 Monate).

2.3 Das präoperationale Stadium

Im präoperationalen Stadium, welches sich ab einem Alter von etwa zwei Jahren manifestiert und sich laut Piaget bis zum siebten Lebensjahr erstreckt, erwerben Kinder zügig das Kommunikationsmittel Sprache. Während dieses Stadiums wird es Kindern möglich, stabile mentale Repräsentationen zu bilden; logische Operationen, also die Fähigkeit, Repräsentationen mental zu verändern, sind jedoch noch nicht vorhanden.

Auch kommt es im präoperationalen Stadium zu einigen Denkfehlern, da Kinder im Vorschulalter zu einseitiger Fokussierung neigen – dies zeigen beispielsweise Tests, in denen eine gleich große Anzahl von Dingen unterschiedlich angeordnet werden, um die Menge so augenscheinlich größer erscheinen zu lassen. Man ordne beispielsweise eine gleich große Anzahl von Süßigkeiten der Reihe nach an, halte jedoch in einer Reihe einen größeren Abstand zu den einzelnen Teilen. Ein Kind im präoperationalen Stadium wird äußern, dass die längere der beiden Reihen auch mehr Süßigkeiten enthalten muss.

Ein weiterer Aspekt ist der sogenannte Egozentrismus. Dieser besagt, dass es Vorschulkindern nicht möglich ist, eine Perspektive einzunehmen, die von ihrer eigenen abweicht. Dies zeigen beispielsweise Versuche mit dreidimensionalen Modellen, die dem Kind zuvor aus jeder Perspektive gezeigt werden. Soll das Kind nun aber zeigen, welche Perspektive der Versuchsleiter gegenüber von ihm gegenwärtig betrachtet, so ist das dem Vorschulkind nicht möglich – es geht von seiner eigenen Perspektive aus.

2.4 Das konkret-operationale Stadium

Im Alter von sieben bis 12 Jahren erwerben Kinder die Fähigkeit einfache logische Operationen anzuwenden; die Abstraktionsfähigkeit ist jedoch beschränkt. Auch überwinden Kinder im konkret-operationalen Stadium den zuvor beschriebenen Egozentrismus, können sich also nun auch andere Perspektiven vorstellen. Laut Piaget erwerben Kinder ab einem Alter von etwa sieben Jahren erstmals Begriffe wie den der Zeit, der Erhaltung, der Zahl oder der Kausalität. Jedoch fällt es Kindern in diesem Stadium noch sehr schwer „*systematisch über hypothetische Situationen nachzudenken.*" (Schneider, Lindenberger, Entwicklungspsychologie, 2012, S. 389).

2.5 Das formal-operationale Stadium

Laut Piaget spiegelt das formal-operationale Stadium, welches sich ab einem Alter von 12 Jahren einstellt, den Idealtyp menschlicher Rationalität wieder, jedoch wird dieses Stadium nicht von allen Erwachsenen erreicht.

Heranwachsende oder Erwachsene in diesem Stadium sind in der Lage, theorethisch beziehungsweise hypothetisch zu denken. Sie lösen systematisch Probleme und zeigen ein Verständnis für die wissenschaftliche Methode, also das kontrollierte Durchführen von Versuchen, das Prüfen von Hypothesen und das Ziehen von gültigen Schlussfolgerungen. Es kommt nicht mehr zu Manipulationen der Versuche, wie es etwa bei einem Kind im Vorschulalter geschehen könnte.

3. Kritik an Piaget

Neuen Forschungen zufolge erscheinen Piagets Beobachtungen und die daraus resultierenden Feststellungen als zu vage, da Tests der modernen Säuglingsforschung bespielsweise zeigen, dass bei Säuglingen sehr wohl ein Begriff des permanenten Objekts vorhanden ist. Auch andere Theorien des Schweizer Forschers wurden durch neue Tests widerlegt, so etwa die Theorie des Egozentrismus.

Nach heutigem Erkenntnisstand unterschätzte Piaget die Kompetenzen junger Heranwachsender und Säuglinge immens. So konnte anhand neuer Methoden festgestellt werden, dass beispielsweise die Objektpermanenz schon früh ausgeprägt ist. Im Folgenden soll nun die Habituationsmethode als Beispiel für die Erkenntnisse der modernen Säuglingsforschung vorgestellt und erläutert werden, die Forscher zu dem Schluss führte, dass Säuglinge schon sehr früh eine gewisse Kompetenz entwickeln.

4. Die Habituationsmethode

Mit der Durchführung der Habituationsmethode konnte erfolgreich festgestellt werden, dass bei Säuglingen schon früh der Begriff des permanenten Objekts besteht. Die Methode besteht im Wesentlichen darin, dass einem Säugling ein Objekt mehrmals gezeigt wird, bis das Interesse des Kindes auf unter 50 Prozent fällt. Dies ist zu messen anhand der Fixationsdauer des Säuglings auf das Objekt. Werden nun neue, also unerwartete, Objekte gezeigt, so ist zu erwarten, dass die Fixationsdauer ansteigt. Dieser Versuch soll zeigen, dass Säuglinge schon früh Erwartungen zeigen, die in etwa denen eines Erwachsenen entsprechen.

5. Theorien der Entwicklung domänenspezifischen begrifflichen Wissens

Betrachtet man die in der Verhaltensforschung festgestellten Lernmechanismen von Tieren, so stellt man fest, dass beispielsweise Singvögel Melodien nicht von Geburt an beherrschen, diese jedoch rasch erlernen. Diese Erkenntnis deutet auf spezialisierte Lernmechanismen hin und lässt die Fragestellung zu, ob diese Mechanismen ebenfalls beim Menschen zu finden sind. Es gibt einige Indizien, die zu dieser Annahme führen. So etwa die frühe Ausbildung der Gesichts- oder Spracherkennung bei Säuglingen. Nativistische Positionen der modernen Säuglingsforschung gehen davon aus, dass Säuglinge bereits mit spezifischen kognitiven Fähigketen zur Welt kommen und diese nutzen, um domänenspezifische Systeme wie numerisches oder physikalisches Wissen rasch auszubauen. Die weitere Ausbildung von domänenspezifischem Wissen erfolgt dann über eine andauernde Bereicherung des vorhandenen Wissens.

Es existieren zahlreiche Theorien zur Ausbildung domänenspezifischen begrifflichen Wissens, die alle interessante und relevante Aspekte mit sich bringen. Im Folgenden soll nun eine dieser Theorien näher erläutert werden.

5.1 Die Kernwissensthese

Die Kernwissensthese besagt im Wesentlichen, *„dass angeborenes domänenspezifisches Wissen Kinder dazu befähigt, rasch domänenspezifische Kenntnisse zu erwerben."* (Schneider, Lindenberger, Entwicklungspsychologie, 2012, S. 401)

Die These besagt zudem, dass gewisse Wissenssysteme wie das numerische Wissen oder das Wissen über physikalische Objekte und Menschen Kernprinzipien enthält die zur Feststellung und für weitere Vorhersagen über die jeweilige Domäne dienen. Dieses Kernwissen erlaubt es dem Säugling schon früh zu unterscheiden, ob das ihm vorliegende Objekt belebt oder unbelebt ist. Auch weitere Vorhersagen über das Handeln des Objekts oder der Person sind dadurch möglich, genauso die numerische Erfassung von kleinen Mengen. Vertreter der Kernwissensthese nehmen an, dass ein Reiz aus der Umwelt notwendig ist, um die domänenspezifische Informationsverarbeitung anzutreiben beziehungsweise auszulösen. Jedoch besagt die These auch, dass die durch die Umwelt gemachten Erfahrungen nicht zu Veränderungen der domänenspezifischen Verarbeitung führt.

5.2 Beispiel zur Addition bei Säuglingen

Um die bereits erwähnte Fähigkeit zur numerischen Erfassung von kleinen Mengen bei Säuglingen etwas veranschaulichter darzulegen wird im Folgenden ein Versuchsbeispiel dargestellt.

Hierbei befindet sich der Säugling vor einer Art kleiner Bühne, die zur Seite hin eine Öffnung besitzt. Der Säugling kann nun beobachten, wie ein Objekt auf der Bühne platziert wird. Nun wird eine Trennwand aufgestellt, die das Objekt gänzlich verdeckt. Nun wird ein weiteres identisches Objekt hinter der Trennwand platziert. Das Baby kann diesen Vorgang beobachten, sieht jedoch selbstverständlich nicht hinter die Trennwand. Die nun leere Hand, die das zweite Objekt platziert hat, verlässt -für den Säugling sichtbar- die Bühne. Nun wird die Trennwand entfernt und der Säugling sieht entweder das mögliche Ergebnis A: zwei Objekte befinden sich auf der Bühne, oder das unmögliche Ergebnis B: es befindet sich nur ein Objekt auf der Bühne. Im Vergleich blickten die Säuglinge länger auf das unmögliche Ergebnis B, da ihre Erwartung auf das Ergebnis nicht dem tatsächlichen Zustand auf der Bühne entsprach. Dieser Versuch soll zeigen, dass schon im Säuglingsalter eine gewisse Art der Addition ausgebildet ist und zudem ganz deutlich eine Erwartungshaltung ausgeprägt ist.

6. Zusammenfassung

Nach der Eingehenden Betrachtung der Forschungen Piagets und einer Kritik an seinen Erkenntnissen lässt sich dank der modernen Säuglingsforschung sehr viel genauer und differenzierter feststellen, wozu Säuglinge und junge Kinder bereits sehr früh nach ihrer Geburt in der Lage sind und dass eine schrittweise Entwicklung nach Piaget nach heutigem Wissensstand nicht annehmbar ist.

Doch trotz der Fülle an Forschungen und Theorien zur Entwicklung der Kognition bei Säuglingen steht die Forschung noch lange nicht vor vollendeten Tatsachen. So ist eine weitere gründliche Betrachtung der Entwicklung von Kognition und domänenspezifischen begrifflichen Wissens in Form von Forschungen unumgänglich und geradezu notwendig, um verstehen zu können, woher die Fähigkeit des Menschen kommt, Verknüpfungen zwischen verschiedenen Situationen herzustellen, Objekte ohne Weiteres zu erkennen und zu differenzieren oder schon in frühester Kindheit eine Erwartungshaltung gegenüber bestimmten Situationen zu haben.

7. Literaturverzeichnis

Schneider, Lindenberger (2012): Entwicklungspsychologie, Beltz Verlag Weinheim, Basel

BEI GRIN MACHT SICH IHR WISSEN BEZAHLT

- Wir veröffentlichen Ihre Hausarbeit, Bachelor- und Masterarbeit

- Ihr eigenes eBook und Buch - weltweit in allen wichtigen Shops

- Verdienen Sie an jedem Verkauf

Jetzt bei www.GRIN.com hochladen und kostenlos publizieren